Impressum
Verlag: BABADADA GmbH, Nedderfeld 112 , 22529 Hamburg
Geschäftsführer / Verlagsleitung: Harald Hof
Druck: Books on Demand GmbH, In de Tarpen 42, 22848 Norderstedt

Imprint
Publisher: BABADADA GmbH, Nedderfeld 112 , 22529 Hamburg, Germany
Managing Director / Publishing direction: Harald Hof
Print: Books on Demand GmbH, In de Tarpen 42, 22848 Norderstedt

ليكول
shule

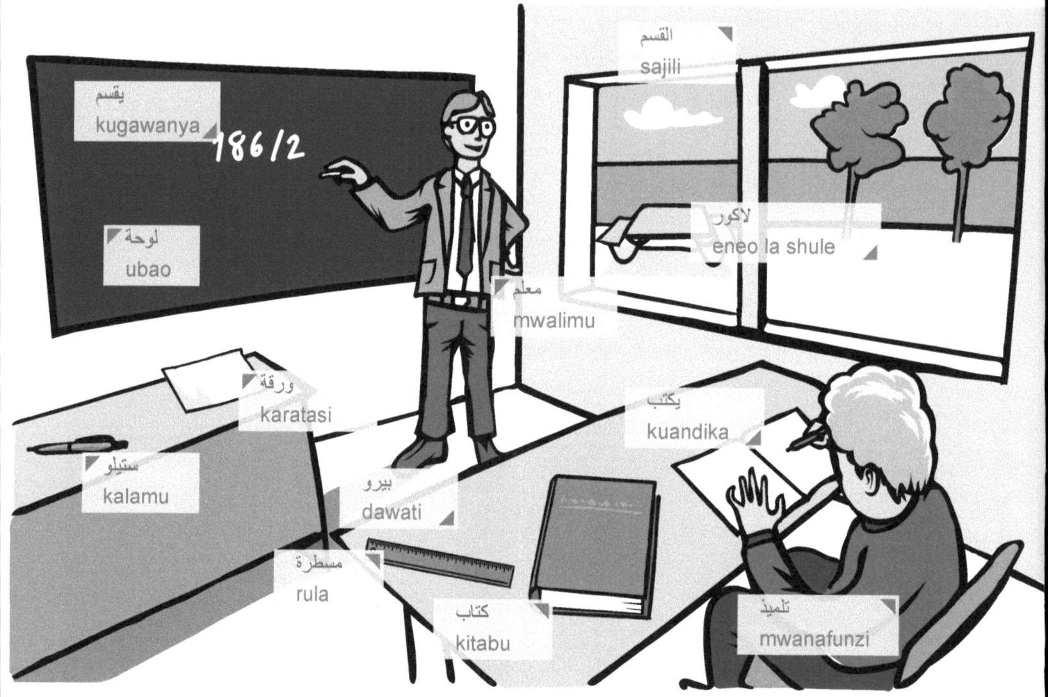
القسم
sajili
يقسم
kugawanya
186/2
لوحة
ubao
لاكور
eneo la shule
معلم
mwalimu
ورقة
karatasi
يكتب
kuandika
ستيلو
kalamu
بيرو
dawati
مسطرة
rula
كتاب
kitabu
تلميذ
mwanafunzi

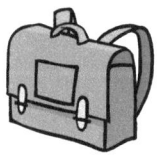

كرطاب

mkoba

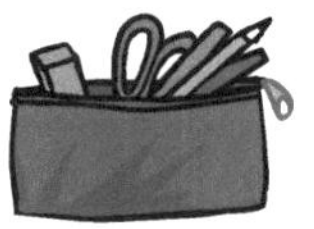

المقلمة

kikasha cha penseli

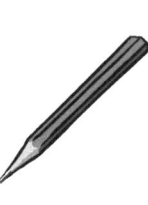

قلم الرصاص

penseli

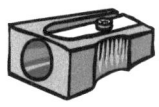

منجارة

kichonga penseli

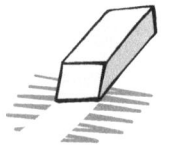

ممحا

mpira

الكايي تاع الرسم

pedi ya kuchora

الرسم

uchoraji

البانسو

brashi ya rangi

باتير

sanduku la rangi

مقص

mkasi

كولا

gundi

كايي تاع التمارين

daftari

الواجبات

kazi ya nyumbani

النيميرو

nambari

2+2

يجمع

jumlisha

5-2

يطرح

ondoa

2×2

يضرب

zidisha

يحسب

kokotoa

A

الحرف

barua

ABCDEFG HIJKLMN OPQRSTU VWXYZ

الحروف

alfabeti

كلمة

neno

النص
....
maandishi

يقرا
....
kusoma

طباشير
....
chaki

الدرس
....
somo

دفتر المدرسي
....
sajili

ليقزاما
....
uchunguzi

سرتفيكا
....
cheti

اللبة تاع ليكول
....
sare za shule

التعليم
....
elimu

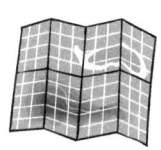

ليكسيك
....
elezo

الجاميعة
....
chuo kikuu

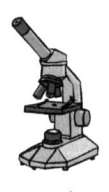

المجهر
....
darubini

ramani
الخريطة
....
ramani

بوبال
....
kikapu cha kuweka karatasi
chafu

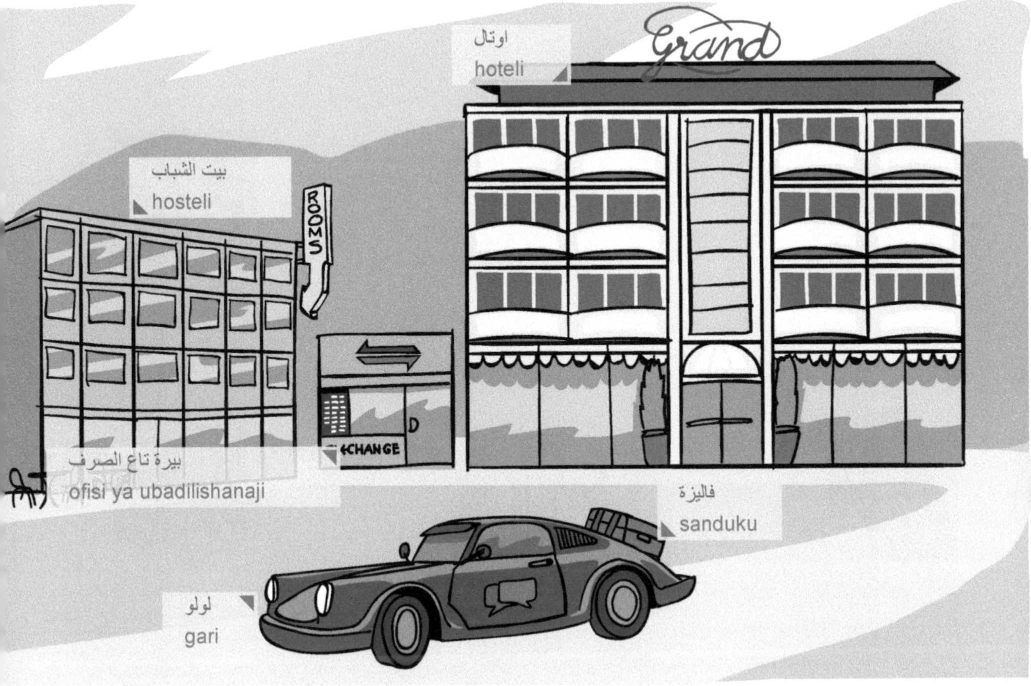

اوتال
hoteli
Grand
بيت الشباب
hosteli
ROOMS
بيرة تاع الصرف
ofisi ya ubadilishanaji
فاليزة
sanduku
لولو
gari

اللغة ليقصدها

lugha

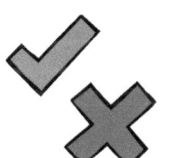

واه / لا

ndiyo / la

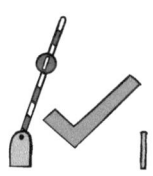

صحا

sawa

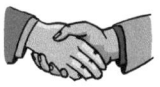

مرحبا

hujambo

طرجمان

mtafsiri

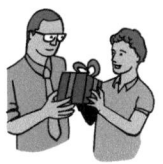

صحيت

Asante

شعال السومة؟

kiasi gani ni ...?

مفهمتش

Sielewi

مشكِلة

tatizo

مسلخير

Jioni njema!

صباح لخير

Habari za asubuhi!

تصبح بخير

Usiku mwema!

بسلامة

kwa heri

ديركسيو

mwelekeo

الباقاج

mizigo

ساك

mfuko

ساكادو

shanta

شنيف

mgeni

شمبرا

chumba

ساك تاع رقاد

begi la kulalia

خيمة

hema

لواطا تاع كرية

kushiriki gari

رومورك

lori la kuvuta

كاميو تاع الزبل

ukusanyaji taka

موتور

motor

ليسونس

mafuta

ستاسيون

kituo cha mafuta

بانو

ishara trafiki

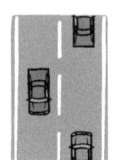

ترافيك

trafiki

سركالة

msongamano

باركينغ

maegesho

لاقار

kituo cha treni

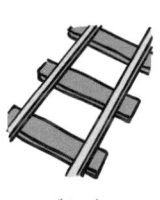

السبيكة

reli

قطار

garimoshi

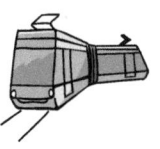

ترام

tremu

فاغون

gari la mizigo

الیکبتار

helikopta

مطار

uwanja wa ndege

تور

mnara

مسافر

abiria

كونتنار

chombo

كرطونة

katoni

شاريو

mkokoteni

سلة

kikapu

يقلع / يهود

ondoka

مان

jiji

قرية

kijiji

البلاد

katikati ya jiji

دار

nyumba

سينيما
sinema

لا ييب
tangazo

الضوء تاع برا
taa za mitaani

طريق
barabara

طاكسي
teksi

كيوسك
duka la vitafunio

بييطون
mtembea kwa miguu

تروطواع
njia ya waenda kwa miguu

بساج بييتون
kivuko

بوبال
pipa

رنبوان
kuvuka

فيروج
taa za trafiki

CINEMA

كوخ
kibanda

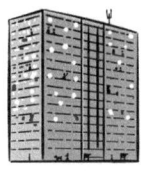

برطمان
gorofa

لاقار
kituo cha treni

لاميري
ukumbi wa mji

متحف
Makavazi

ليكول
shule

الجامعة

chuo kikuu

بانكة

benki

سبيطار

hospitali

اوتال

hoteli

فارماسي

duka la dawa

بيرو

ofisi

مكتبة

duka la kitabu

حانوت

duka

فلوريست

duka la maua

سوبيرات

dukakuu

مرشي

soko

حانوت كبير

idara ya kuhifadhi

مسمكة

mwuza samaki

سونتر كومرسيال

kituo cha ununuzi

المينا

bandari

بارك

Hifadhi

بنك

benki

جسر

daraja

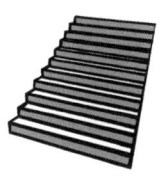

درج

vidato

ميترو

chini ya ardhi

تونل

handaki

لاري تاع البيس

kituo cha mabasi

بار

bar

مطعم

mgahawa

صندوق البريد

sanduku la posta

البانوات

ishara ya barabara

مقياس زمن الوقوف

mita ya maegesho

حديقة حيوانات

bustani ya wanyama

بيسين

kidimbwi cha kuogelea

جامع

msikiti

فيرما

shamba

التلوث

uchafuzi

مقبرة

makaburini

قليزية

kanisa

بارك

uwanja wa michezo

معبد

hekalu

الريف

mazingira

ورقة
jani

بانو
ishara ya mwelekeo

طريق
njia

مرج
malisho

حجرة
jiwe

شجرة
mti

رحالة
mtembeaji wa masafa

نهر
mto

حشيش
nyasi

زهرة
ua

واد

bonde

جبل

kilima

بحيرة

ziwa

غابة

msitu

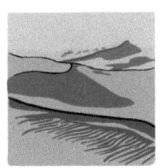

صحراء

jangwa

بركان

volkano

شاطو

ngome

قوس قزح

upinde wa mvua

فطر

uyoga

نخلة

mtende

ناموسة

mbu

ذبانة

kuruka

نملة

chungu

نحلة

nyuki

رتيلة

buibui

خنفوس

mende

جرانة

chura

سنجاب

kuchakuro

قنفود

nungunungu

قنينة

sungura

بومة

bundi

زاوش

ndege

بجعة

swan

حلوف

nguruwe mwitu

عزالة

kulungu

الكة

aina ya kongoni

سد

bwawa

الطاحونة

tabo ya upepo

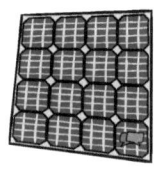

خلية شمسية

nishaji ya jua

كليما

hali ya hewa

مطعم

mgahawa

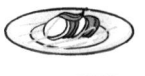

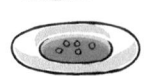

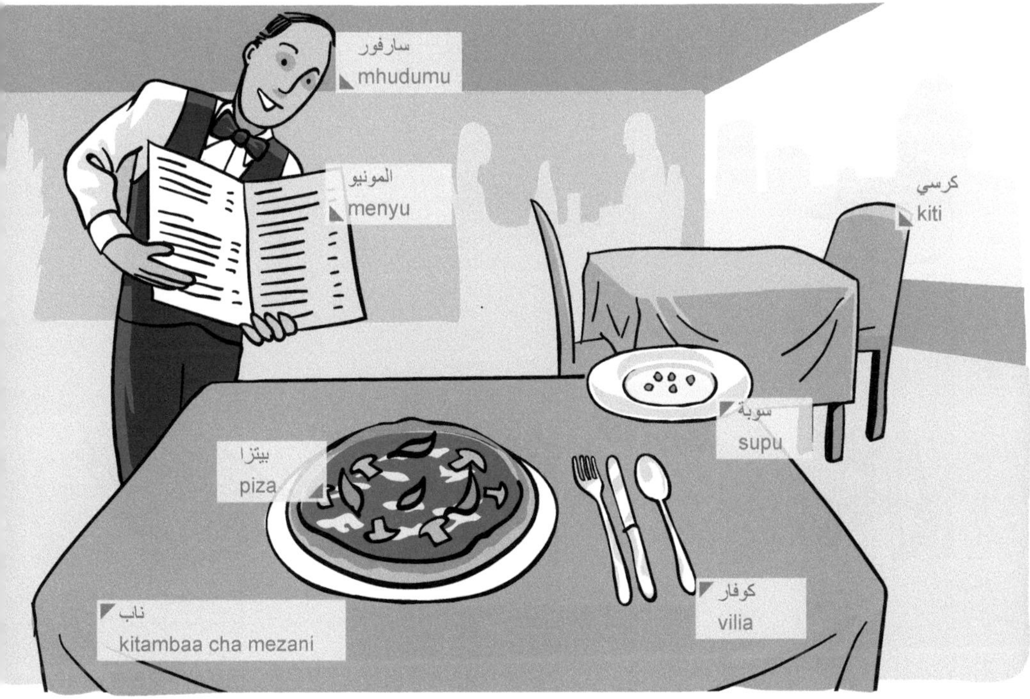

سارفور
mhudumu
المونيو
menyu
كرسي
kiti
سوبة
supu
بيتزا
piza
كوفار
vilia
ناب
kitambaa cha mezani

اوردوفر

kiamsha hamu

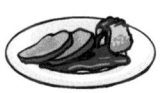

الطبق الرئيسي

kozi kuu

ديسار

kitindamlo

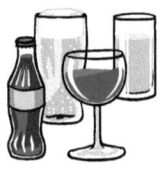

مشروبات

vinywaji

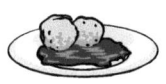

ماكلة

chakula

القرعة

chupa

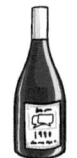

فاست فود

chakula cha haraka

ماكلة نديه معايا

Streetfood

براد اتاي

buli

سكرية

kisanduku cha sukari

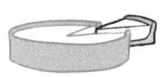

طرف

sehemu

ماشينة تاع اكسبريسو

mashine ya espresso

كرسي عالي

kiti kirefu

فاتورة

muswada

سني

trei

خدمي

kisu

فرشيطة

uma

مغيرفة

kijiko

مغيرفة تاع لاتاي

kijiko cha chai

سربيتة تاع الطابلة

nepi

كاس

glasi

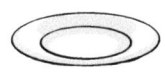

طبسي

sahani

بول

sahani ya supu

طبسي تاع الفنجال

sufuria

لاصوص

mchuzi

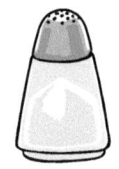

القوطي تاع الملح

kichanyaji chumvi

طحان تاع الحرور

kinu cha pilipili

خل

siki

زيت

mafuta

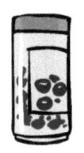

ليزيبيس

viungo

كتشوب

kechapu

موطارد

haradali

مايونيز

kachumbari nzito

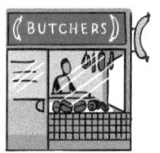

سوبرات

dukakuu

بروموسيو
ofa maalum
FOR
كلويون
mteja
مشتقات الحليب
maziwa
فاكية
matunda
شاريو
toroli

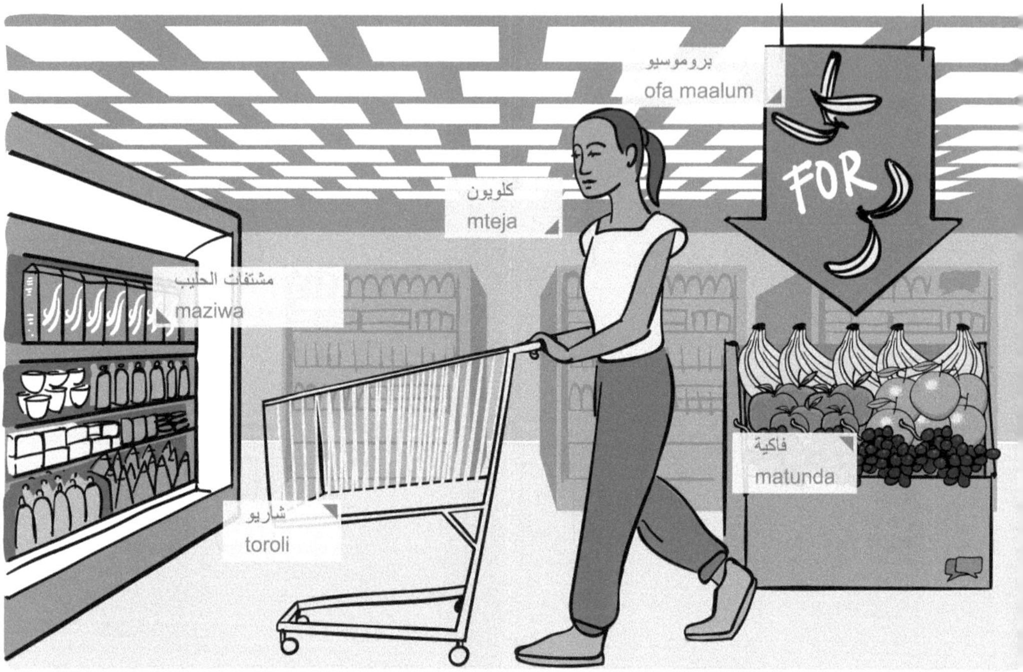

BUTCHERS

بوشي

mchinjaji

BAKERY

بولونجي

mwokaji

يوزن

uzito

خضار

mboga

لحم

nyama

سيرجولي

chakula waliohifadhiwa

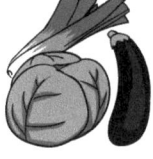

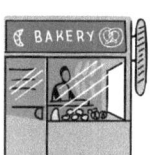

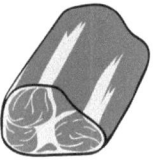

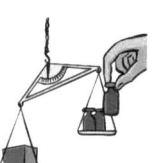

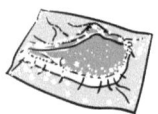

كاشير
vipande vya nyama baridi

كونسارف
chakula cha kopo

الاومو تاع لغسيل
sabuni ya unga

الحلويات
pipi

صوالح الدار
bidhaa za kaya

ديتارجو
bidhaa za kusafisha

فوندوز / خدامة فالحانوت
mtu mauzo

لاكاس
mpaka

كاسسي
keshia

ليستا تاع الشري
orodha ya manunuzi

سوايع الخدمة
masaa ya ufunguzi

تزداتم
mkoba

كارطة ناع الكريدي
kadi

ساك
mfuko

بورسة
mfuko wa plastiki

الما

maji

جو

sharubati

حليب

maziwa

كوكا

coke

الشراب

mvinyo

البيرة

bia

شراب

pombe

كاكاو

kakao

لاتاي

chai

قهوة

kahawa

اكسبريسو

spreso

كابوتشينو

kapuchino

بانانة

ndizi

تفاح

tufaha

تشينا

machungwa

بطيخ

tikiti

ليم

lemon

كروطة / زرودية

karoti

ثوم

kitunguu saumu

بانبو

mianzi

بصل

kitunguu

شانبينيو

uyoga

بندق

karanga

ليبات

nudo

سباقيتي

spageti

روز

mpunga

سلاطة

saladi

ليفريت

vibanzi

ليفريت

viazi vya kukaanga

بيتزا

piza

هانبورقرق

hambaga

سندويش

sandwichi

اسكالوب

kipande

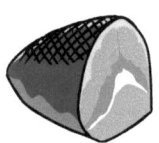

لحم الحلوف

paja la mnyama

سامي

salami

مرقاز

soseji

جاجة

kuku

لحم مشوي

choma

حوت

samaki

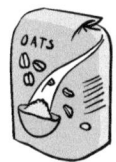

شوفان

oats ya uji

موسلي

muesli

كورن فلكس

cornflakes

فرينة

unga

كرواسون

kroisanti

خبيزة

andazi

الخبز / كسرة

mkate

خبز محمر

mkate wa kubanika

بيسكوي

biskuti

زبدة

siagi

لبن

maziwa mgando

قاطو

keki

بيض

yai

بيض مقلي

yai kukaanga

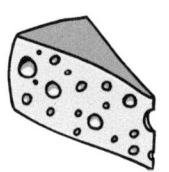

فرماج

jibini

لاكرام

aiskrimu

سكر

sukari

عسل

asali

كونفتير

jemu

نوقا

kuenea kwa chokoleti

الكاري

mchuzi wa viungo

فيرما

shamba

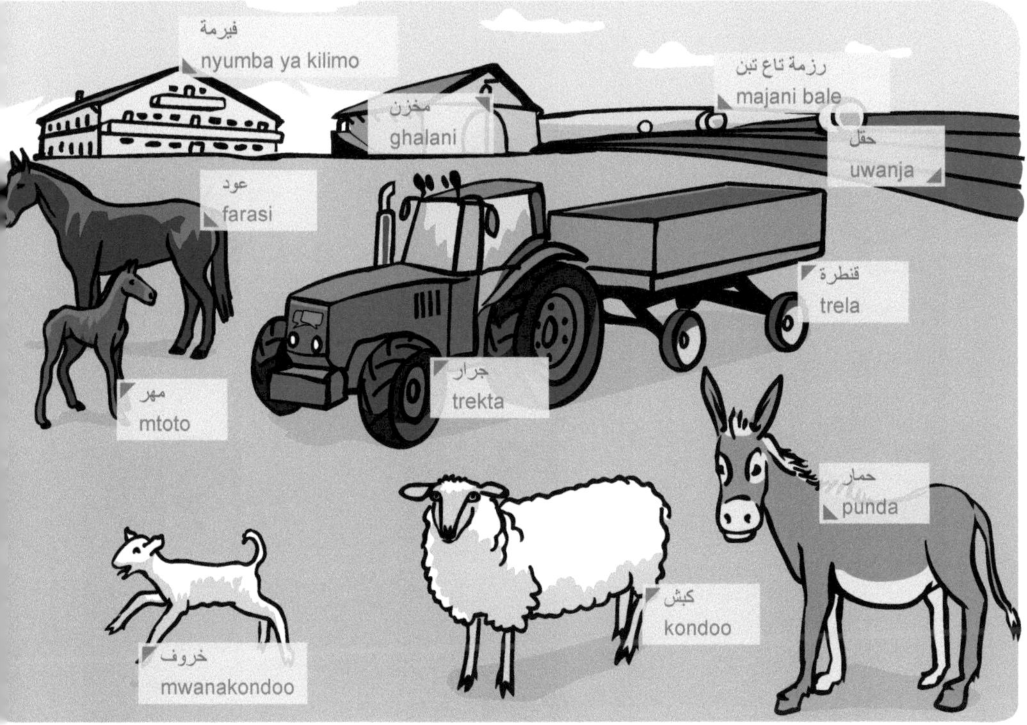

فيرمة
nyumba ya kilimo
مخزن
ghalani
رزمة تاع تبن
majani bale
حقل
uwanja
عود
farasi
قنطرة
trela
جرار
trekta
مهر
mtoto
حمار
punda
كبش
kondoo
خروف
mwanakondoo

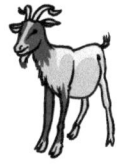

معزة
mbuzi

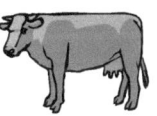

بقرة
ng'ombe

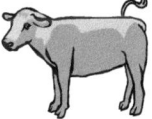

عجل
ndama

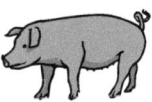

حلوف
nguruwe

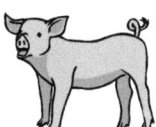

حلوف صغير
mwananguruwe

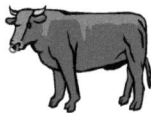

طورو
fahali

وزة

batabukini

بطة

bata

فلوس

kifaranga

جاجة

kuku

سردوك

jogoo

طوبا

panya

قطة

paka

فأر

panya

ثور

ng'ombe

كلب

mbwa

دار الكلب

nyumba ya mbwa

تييو

bomba la bustani

إبريق

debe la kumwagilia maji

منجل

fyekeo

محراث

kulima

منجل

mundu

الفاس

jembe

مذراة الزبل

uma wa nyasi

شاقور

shoka

بر ويطة

toroli

معلف

kupitia nyimbo

قابة تاع حليب

chombo cha maziwa

ساشيا

gunia

سياج

ua

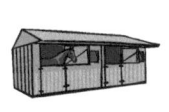

صطبل

imara

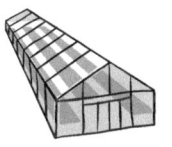

بوطاجي

chafu

تراب

udongo

بذور

mbegu

سماد

mbolea

حصادة

kivunaji

يحصد

mavuno

الغلة

mavuno

بطاط

viazi vikuu

قمح

ngano

صويا

soya

بطاطا

viazi

ماييس

mahindi

سلجم

rapa

شجرة تاع فاكية

mti wa matunda

منيهوت

muhogo

الخبوب

nafaka

فيرما - shamba

دار

nyumba

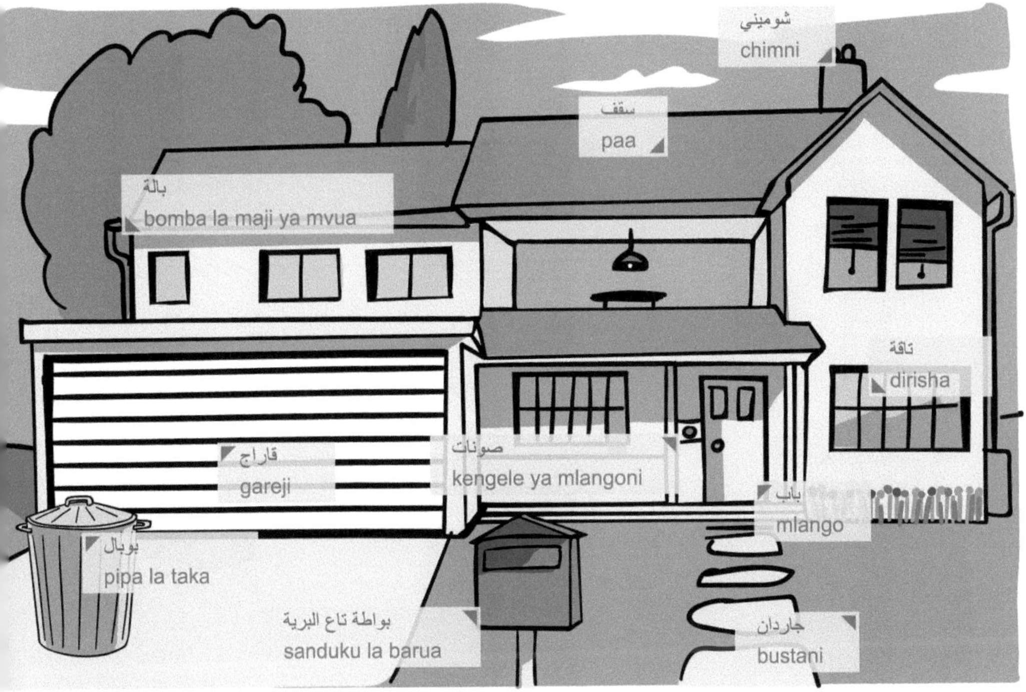
شوميني
chimni
سقف
paa
بالة
bomba la maji ya mvua
تاقة
dirisha
قاراج
gareji
صونات
kengele ya mlangoni
باب
mlango
بوبال
pipa la taka
بواطة تاع البرية
sanduku la barua
جاردان
bustani

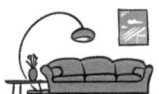

صالون

sebuleni

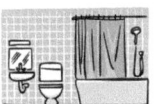

الحمام

bafu

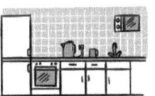

كوزينا

jikoni

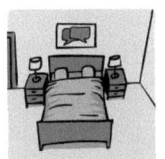

شامبرا تاع رقاد

chumba cha kulala

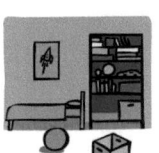

شمبرا تاع ذراري

chumba ya mtoto

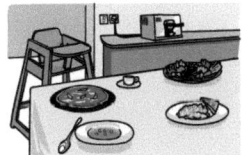

صالة مونجي

chumba cha kulia

ضرل

sakafu

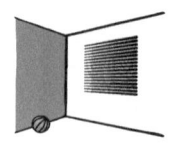

حيط

ukuta

بلافو

dari

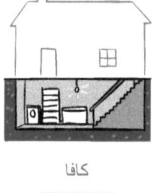

كافا

pishi

سونا

sauna

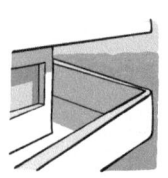

بالكون

roshani

نيراسة

mtaro

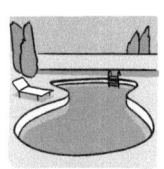

بيسين

kidimbwi

جزارة تاع حشيش

mashine ya kukata nyasi

ااووس

karatasi

كووات

kitambaa cha kupamba
kitanda

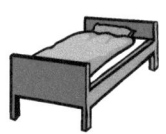

ناموسية

kitanda

مصلحة

ufagio

بيدو تاع صليح

ndoo

انتغبتور

kubadili

صالون

sebuleni

ورق تاع حيطان
mandhari
تصويرة
picha
لامبا
taa
ايتجار
rafu
بلاكار
kabati
تيليفزيون
televisheni/runinga
شوميني
mekoni
زهرة
ua
مخدة
mto
صافا
sofa
فاز
chombo cha maua
تيليكومند
kitenzambali

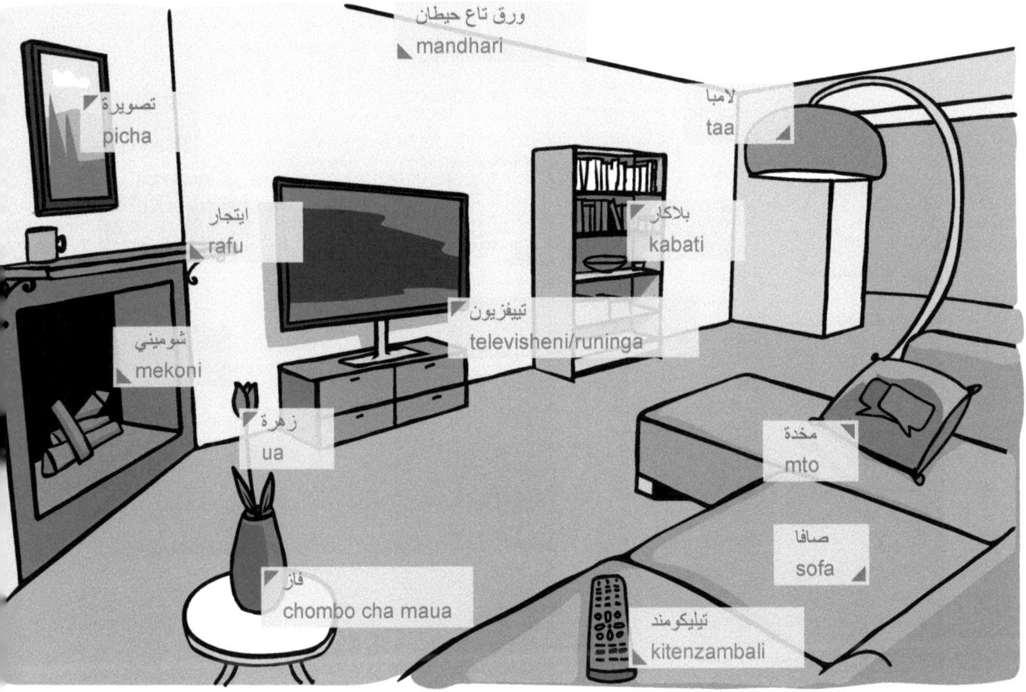

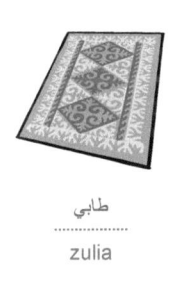

طابي

zulia

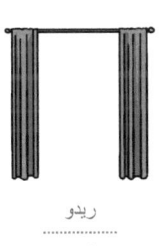

ريدو

pazia

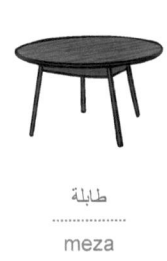

طابلة

meza

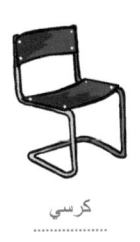

كرسي

kiti

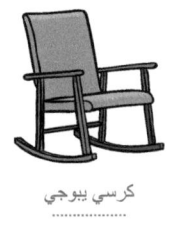

كرسي يبوجي

kiti cha bembea

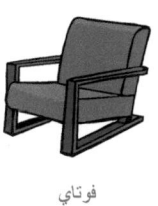

فوتاي

armchair

كتاب

kitabu

طوفيرطة

blanketi

زواق

mapambo

الحطب

kuni

فيلم

filamu

الستيريو

kifaa cha hi-fi

مفتاح

ufunguo

جرنان

gazeti

كادر

uchoraji

بوستار

bango

راديو

redio

كناش

daftari

أسبيراتور

kifyonza

صبار

dungusi kakati

شمعة

mshumaa

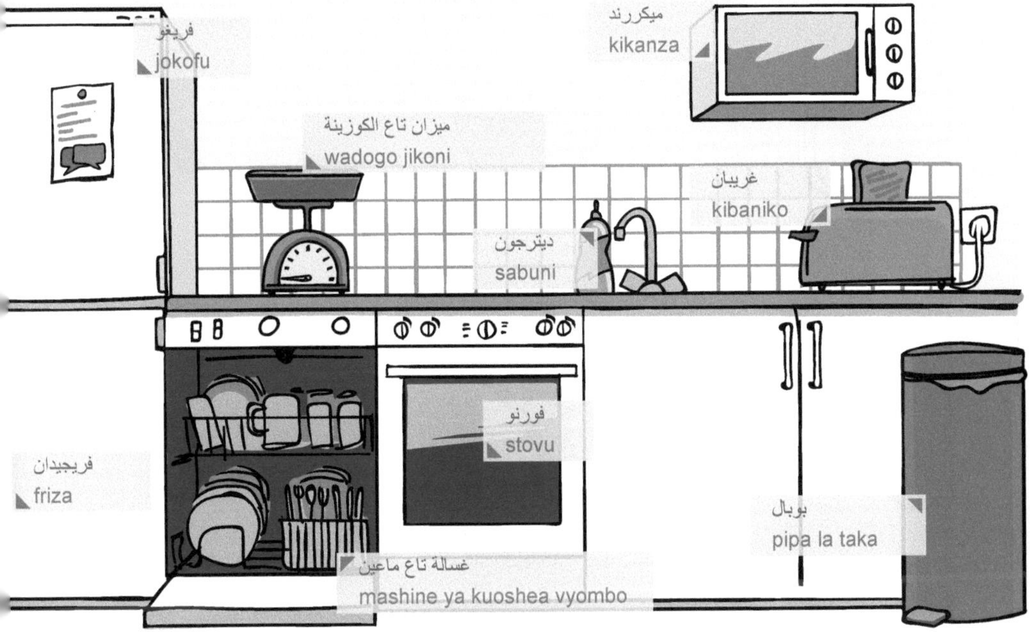

ميكرررند
kikanza

فريفو
jokofu

ميزان تاع الكوزينة
wadogo jikoni

غريبان
kibaniko

ديترجون
sabuni

فورنو
stovu

فريجيدان
friza

بوبال
pipa la taka

غسالة تاع ماعين
mashine ya kuoshea vyombo

الفور
jiko la kupika

قدرة
chungu

مرميطا
sufuria ya chuma

طاوة غامقة
wok / kadai

مقلة
kaango

غلاية
birika

قدرة

stima

سني

sinia ya kuoka

ماعين

vyombo vya udongo

قوبلي

kombe

طبسي

bakuli

مطارق تاع الماكلة

vijiti vya kulia

لوشة

ukawa

سباتولة

mwiko mpana

الضرابة

burashi

كسكاس

kichujio

صفاية

chujio

راب

mbuzi

مهراز

chokaa

شواية

barbeque

موقد

moto wazi

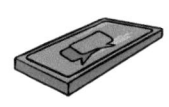

شانلوب

ubao wa majaribio

لولو

kijiti cha kusukuma unga

الحلال

kizibuo

قابسة

kopo

الحلال

inaweza kopo

كتان

kishikio cha chungu

لافابو

karo

بروسة

brashi

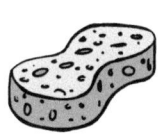

بونجة

sifongo

الخلاط

kisagaji matunda

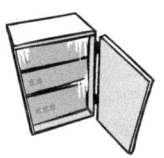

فريغو

friji ya kina

بيبرونة

chupa ya mtoto

سبالة

bomba

الحمام

bafu

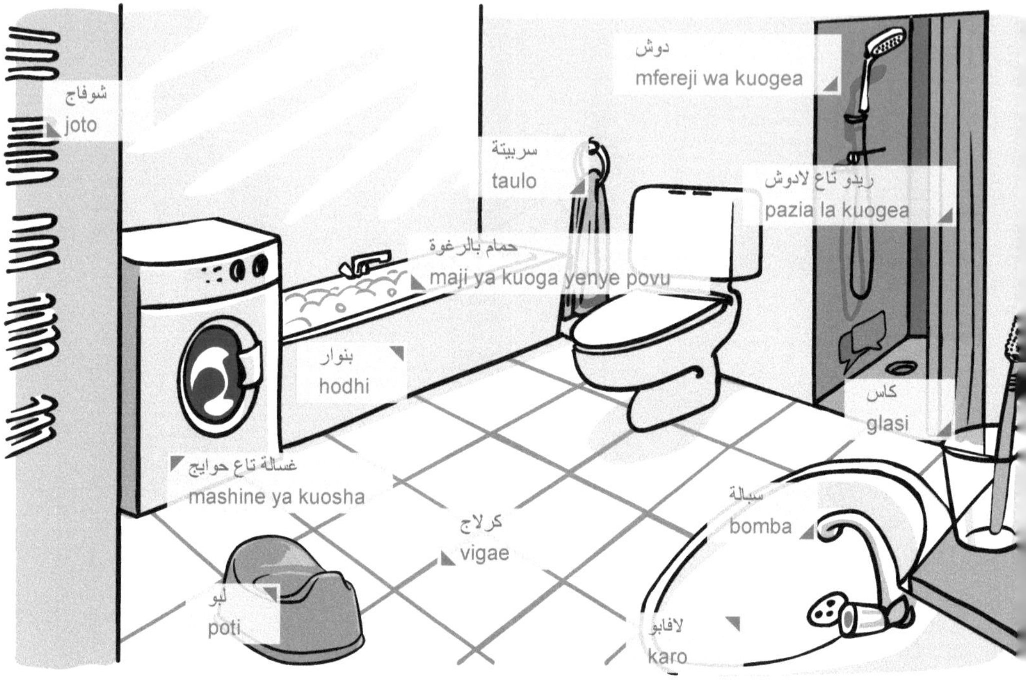

شوفاج
joto
دوش
mfereji wa kuogea
سربيتة
taulo
ريدو تاع لادوش
pazia la kuogea
حمام بالرغوة
maji ya kuoga yenye povu
بنوار
hodhi
كاس
glasi
غسالة تاع حوايج
mashine ya kuosha
سبالة
bomba
كرلاج
vigae
لبو
poti
لافابو
karo

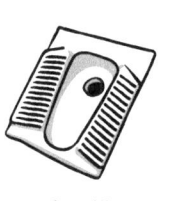

توالات

choo

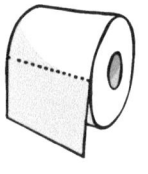

توالات تركي

choo cha squat

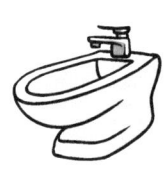

غسال الرجلين

beseni la mviringo

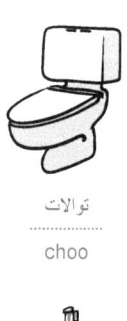

مبولة

choo cha umma

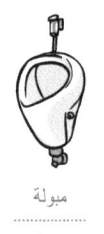

ورق تاع توالات

shashi

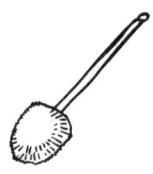

بروسة تاع توالات

brashi ya choo

بروسدون

mswaki

دونتفريس

dawa ya meno

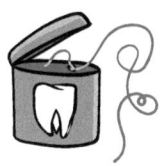

خيط السنان

dawa ya meno

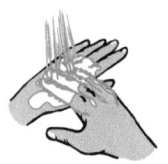

يغسل

safisha

دوشات تاع دوش

kuoga mkono

دوشات

msukumo wa maji

لافابو

bonde

بروسا تاع الظهر

mpako wa pili

صابون

sabuni

جال دوش

jeli ya kuogea

شنبوان

shampuu

الحبل

flana

قادوس

toa maji

بومادة

krimu

ديودورون

kiondoa harufu

مراية

kioo

مراة صغيرة

kioo mkono

رازوار

kinyozi

لاموس

povu la kunyoa

كولون

baada ya kunyoa

مشطة

kichana

بروسة

brashi

سشوار

kikausha nywele

مثبت الشعر

marashi ya nyewele

مكياج

vipodozi

روجالافر

kidomwa

فرني

varnish ya msumari

قطن

pamba

كوبنغل

mkasi wa kucha

ريحة

manukato

تروسة تاع حمام

mkoba wa kuosha

طابوري

kinyesi

ميزان

mizani

بينوار

nguo ya kuoga

ليغونات تاع النيتواياج

glavu za mpira

تمبون

kisodo

ليبوند

sodo

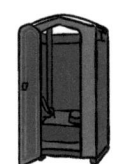

توالات

kemikali choo

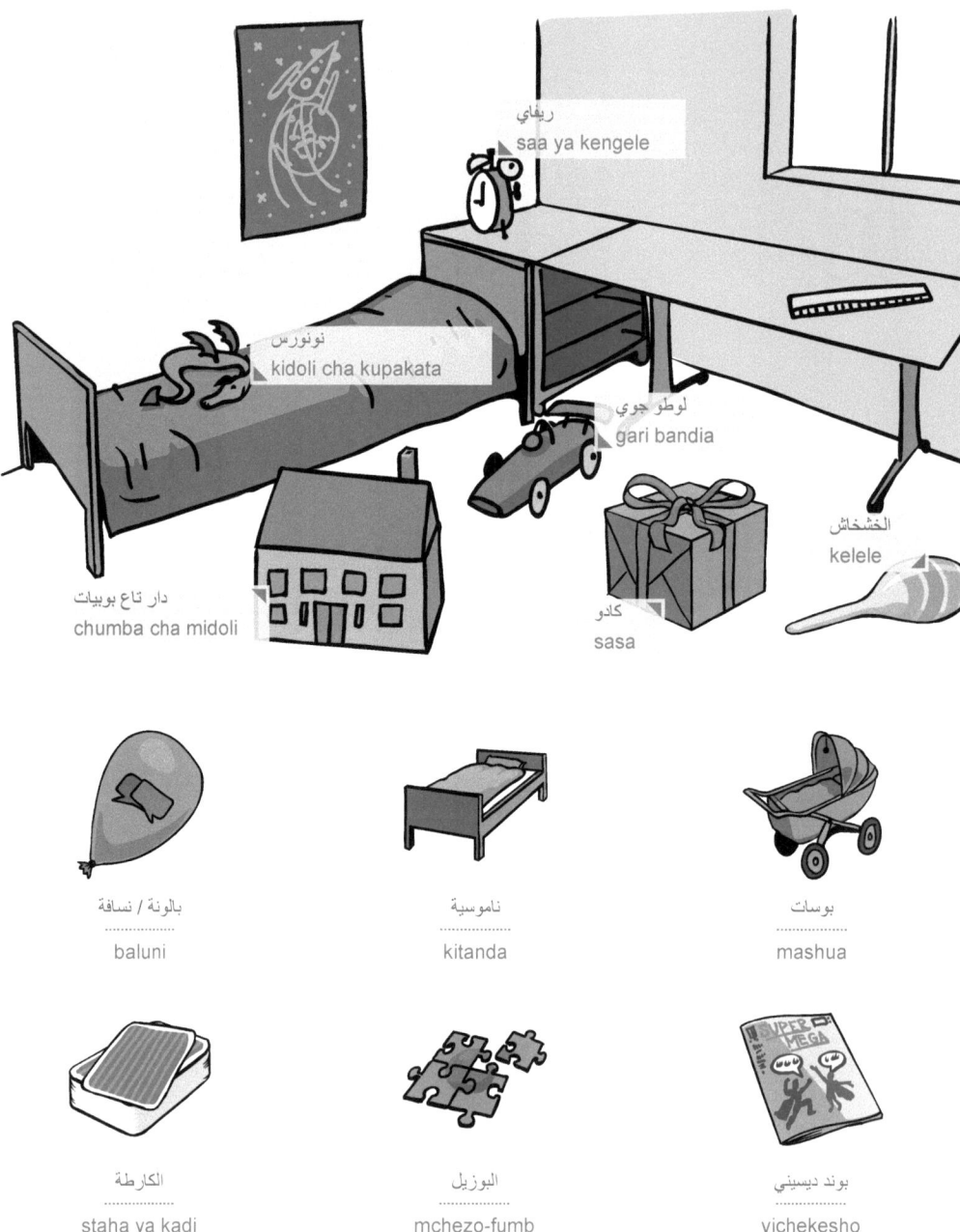

ريفاي
saa ya kengele

نونورس
kidoli cha kupakata

لوطو جري
gari bandia

الخشخاش
kelele

دار تاع بوبيات
chumba cha midoli

كادو
sasa

بالونة / نسافة
baluni

ناموسية
kitanda

بوسات
mashua

الكارطة
staha ya kadi

البوزيل
mchezo-fumb

بوند ديسيني
vichekesho

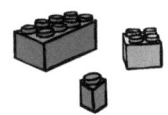

الليغو

matofali lego

حجر يبنوه

vitalu mwigo

بوبية

hatua takwimu

لبسة تاع البيبي

suti ya kulalia

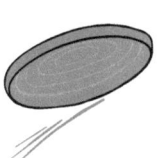

فريزي

kisahani

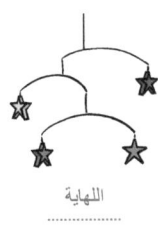

اللهاية

simu

لعبة الطابلة

ubao wa michezo

الدي

kete

التران

garimoshi mwigo

سوسات

dummy

حفلة / الفيشطة

chama

كتاب بتصاوير

picha kitabu

بالون

mpira

بوبية

kikaragosi

يلعب

kucheza

بارك بالرملة

shimo la mchanga

بنصوار

bembea

جوي

vitu bandia

منيطا

kiweko cha video ya mchezo

بيسكلات

baiskeli ya magurudumu

دبدوب

mwanasesere

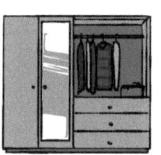

ماريو

kabati

matatu

نقاشر

soksi

ليبا

stokingi

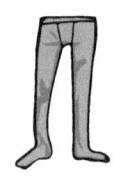

كولو

kibano

شال
skafu

بربلوي
mwavuli

تريكو
fulana

حزام
ukanda

بنتوفلا
ndara

بوط
viatu

تينيسا / سبردينا
wakufunzi

صندالة
......
malapa

صباط
......
viatu

بوط بلاستيك
......
mabuti ya mpira

كالسون
......
suruali ya ndani

سوتيان
......
sidiria

حويج تاع داخل
......
fulana

لاسق على الجسم

mwili

سروال

suruali

جين

dangirizi

جيبا

sketi

طابلية

blauzi

قمجة

shati

تريكو

vuta

قارديقون

sweta

بلازار

bleza

فيستا

jaketi

بالطو

koti

بالطو

koti la mvua

كوستيم

maleba

روبا

gauni

شنبلون بوب

mavazi ya harusi

كوستيم

suti

ثوميز دونوي

vazi la usiku

بيجاما

pajama

ساري

sari

حجاب

skafu

عمامة

kilemba

برقع

burka

قفطان

kaftan

عباية

abaya

مايو

vazi la kuogelea

سروال تاع عوم

vazi la kiume la kuogelea

شورت

kaptura

لبسة تاع سبور

teitei

طابلية

aproni

ليقونات

glavu

قفلة

kifungo

نواظر

glasi

براسلي

bangili

سنسلة

mkufu

خاتم

pete

منقوش

herini

بوني

kofia

سانتر

kiango cha koti

شابو

kofia

قرافاطة

tai

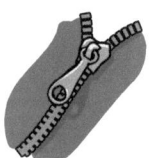

غيمة

zipu

كاسك

kofia

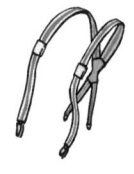

بروتال

kanda za suruali

اللبة تاع ليكول

sare za shule

لينيفورم

sare

ريّاقة

bibu

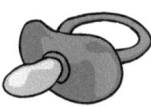

سوسات

dummy

ليكوش

nepi

بيرو

ofisi

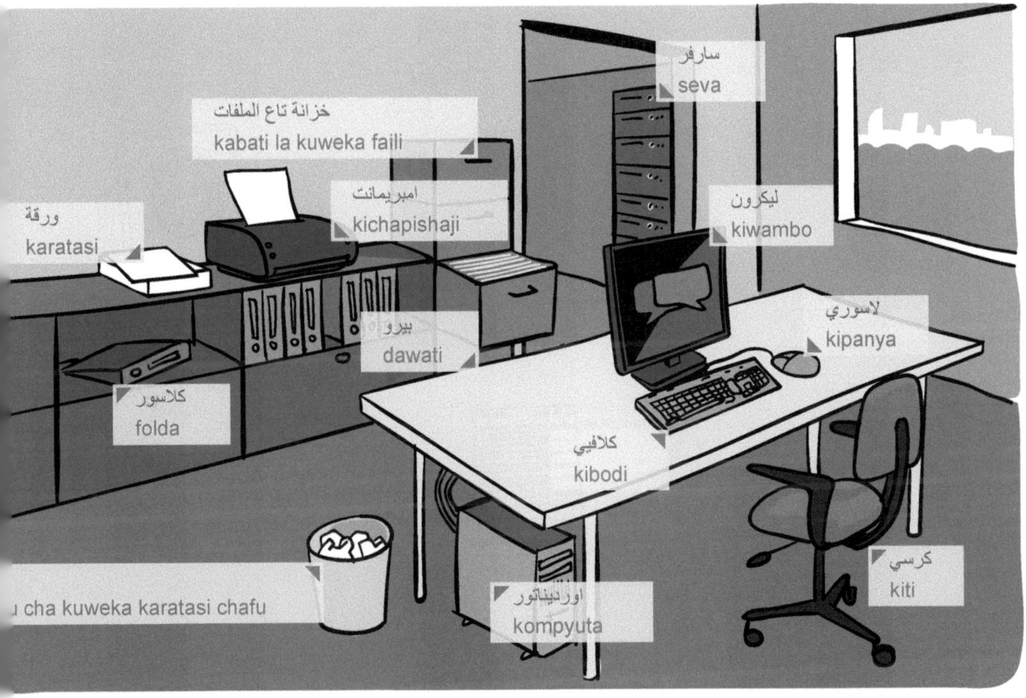

خزانة تاع الملفات
kabati la kuweka faili

سارفر
seva

ورقة
karatasi

امبريمانت
kichapishaji

ليكرون
kiwambo

بيرو
dawati

لاسوري
kipanya

كلاسور
folda

كلافيي
kibodi

كرسي
kiti

u cha kuweka karatasi chafu

اورديناتور
kompyuta

كاس قهوة

kmobe la kahawa

كاكولاتريس

kikokotoo

لانترنت

biashara

اوردیناتور

mbali

بریة

barua

میساج

ujumbe

بورطابل

rununu

ریزو

intaneti

فوطوكوبي

fotokopia

لوجسيال

programu

تيلفون

simu

بریزة

soketi

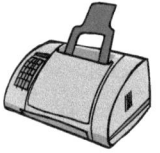

فاكس

kipepesi

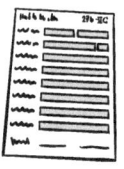

استمارة

fomu

وثیقة

hati

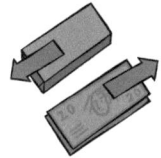

يشري

kununua

يخلص

kulipa

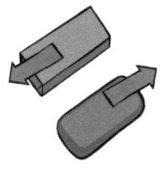

يتاجر

biashara

دراهم

fedha

دولار

dola

اورو

yuro

ين

yeni

روبل

rouble

فرنك سويسري

faranga ya Uswisi

يوان

renminbi yuan

روبية

rupia

ديستريبيوتر

eneo la kulipia

بيرة تاع الصرف

ofisi ya ubadilishanaji

ذهب

dhahabu

فضة

fedha

نفط

mafuta

طاقة

nishati

السومة

bei

عقد

mkataba

طاكس

kodi

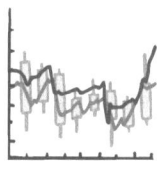

سهم

bidhaa

يخدم

kazi

خدام

mfanyakazi

مول الشي

mwajiri

وزين

kiwanda

حانوت

duka

الخدمة

kazi

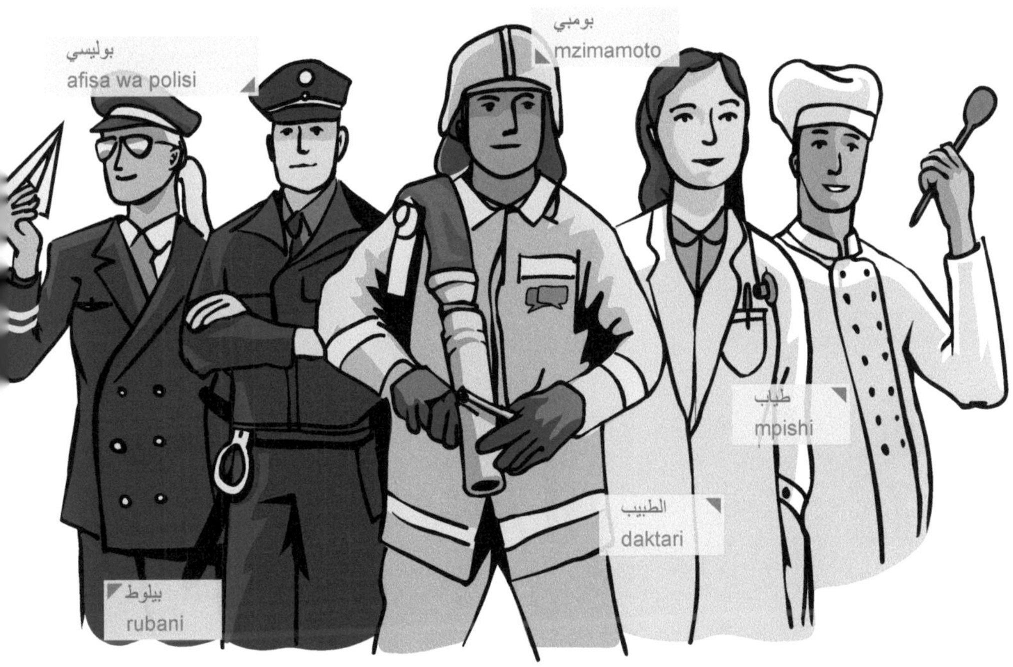

بوليسي
afisa wa polisi
بومبي
mzimamoto
طباب
mpishi
الطبيب
daktari
بيلوط
rubani

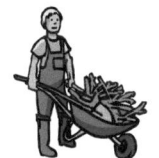

جرديني

mtunza bustani

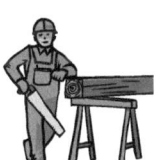

نجار

seremala

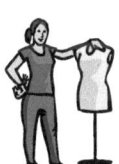

خياط

mshonaji

قاضي

hakimu

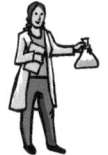

شيميك

mwanakemia

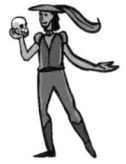

ممثل

muigizaji

شوفير

dereva wa basi

طاكسيور

dereva wa teksi

صياد

mvuvi

خدامة

mwanamke wa kusafisha

ماصو تاع الصقف

mwezekaji

سارفور

mhudumu

صياد

mwindaji

بنتار

mchoraji

خباز

mwokaji

الكتريسيان

umeme

ماصون

mjenzi

مهندس

mhandisi

بوشي

mchinjaji

بلومبي

fundi bomba

فاكتور

mwanaposta

جندي

mwanajeshi

ارشيتكت

msanifu majengo

كاسي

keshia

بياع اورد

muuza maua

كوافير

msusi

الكنترول

kondakta

ميكانيسيان

mekanika

كابيتان

nahodha

طبيب سنان

daktari wa meno

عالم

mwanasayansi

حاخام

rabbi

امام

imamu

موان

mtawa

موان

kasisi

ليزوتي

zana

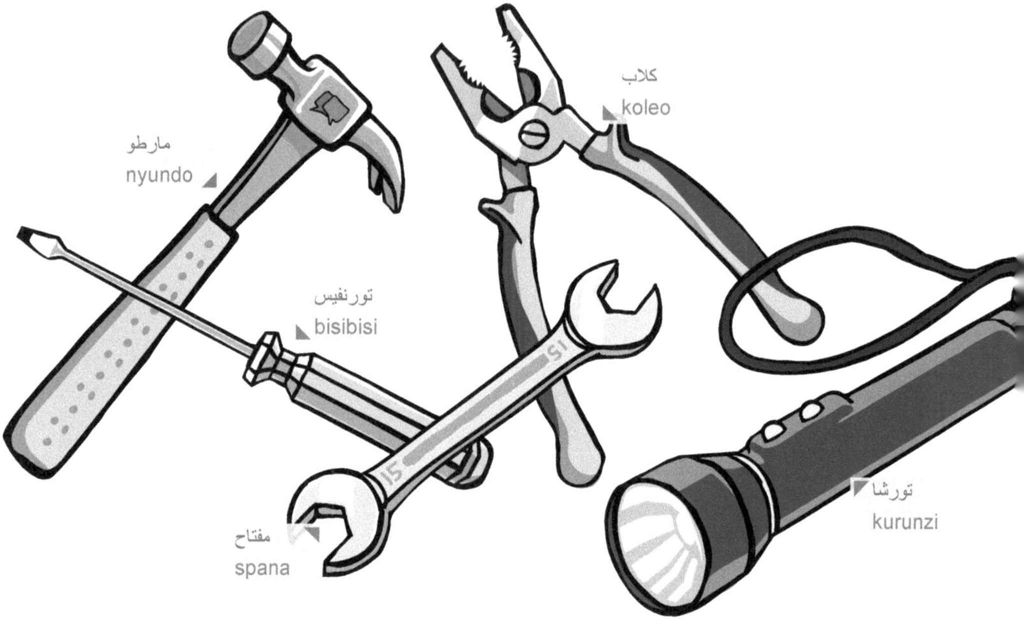
كلاب
koleo
مارطو
nyundo
تورنفيس
bisibisi
مفتاح
spana
تورشا
kurunzi

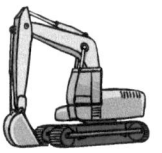

جرافة

mchimbaji

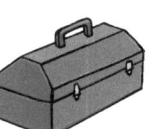

قايصة نتاع ليزوتي

sanduku la vifaa

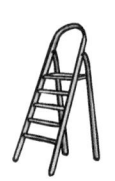

سلوم

ngazi

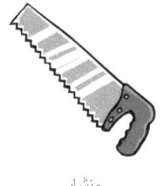

منشار

msumeno

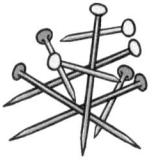

مسامير

misumari

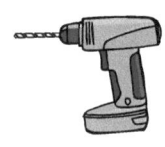

برسوز

kuchimba visima

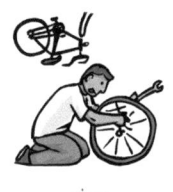

يصنع

kukarabati

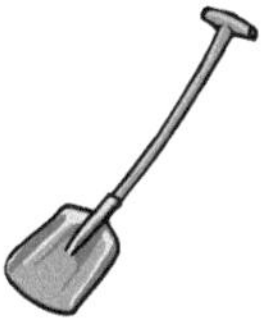

البالة

sepetu

ياويلي

Lo!

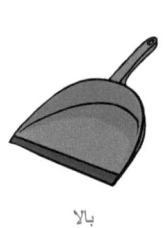

بالا

kishikio cha uchafu

بو تاع بنتورة

chungu cha rangi

ليفيس

skurubu

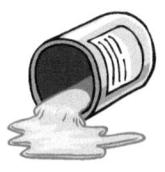

آلات موسيقية

ala za muziki

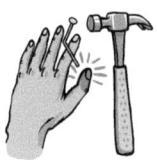

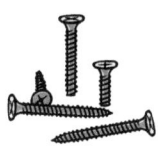

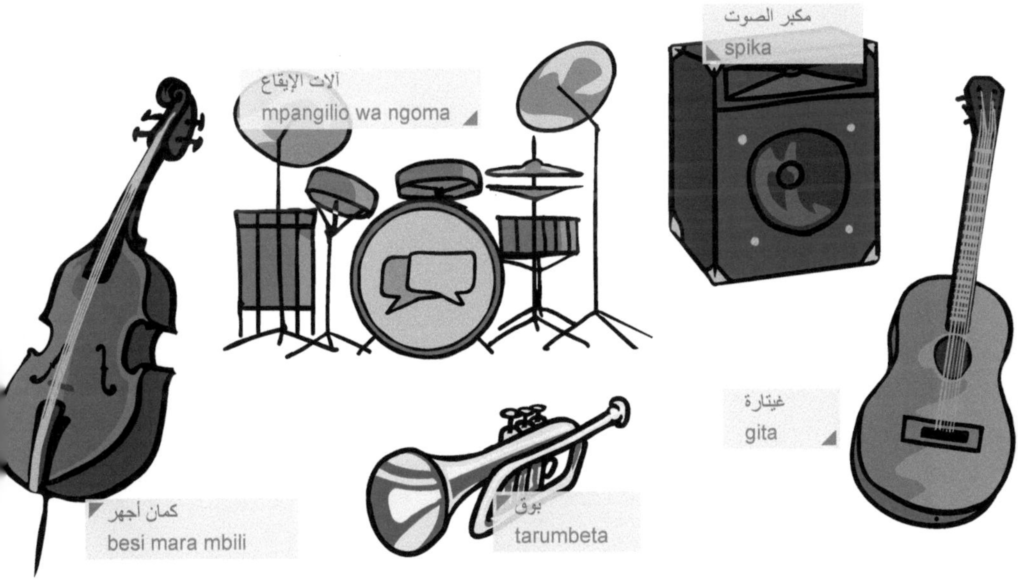

مكبر الصوت
spika
آلات الإيقاع
mpangilio wa ngoma
غيتارة
gita
كمان أجهر
besi mara mbili
بوق
tarumbeta

بيانو

piano

كمنجة

fidla

جهير

ubeji

طبل كبير

timpani

طبل

ngoma

بيانو كهربائي

kibodi

ساكسوفون

saksafoni

ناي

filimbi

ميكروفون

maikrofoni

حديقة حيوانات

bustani ya wanyama

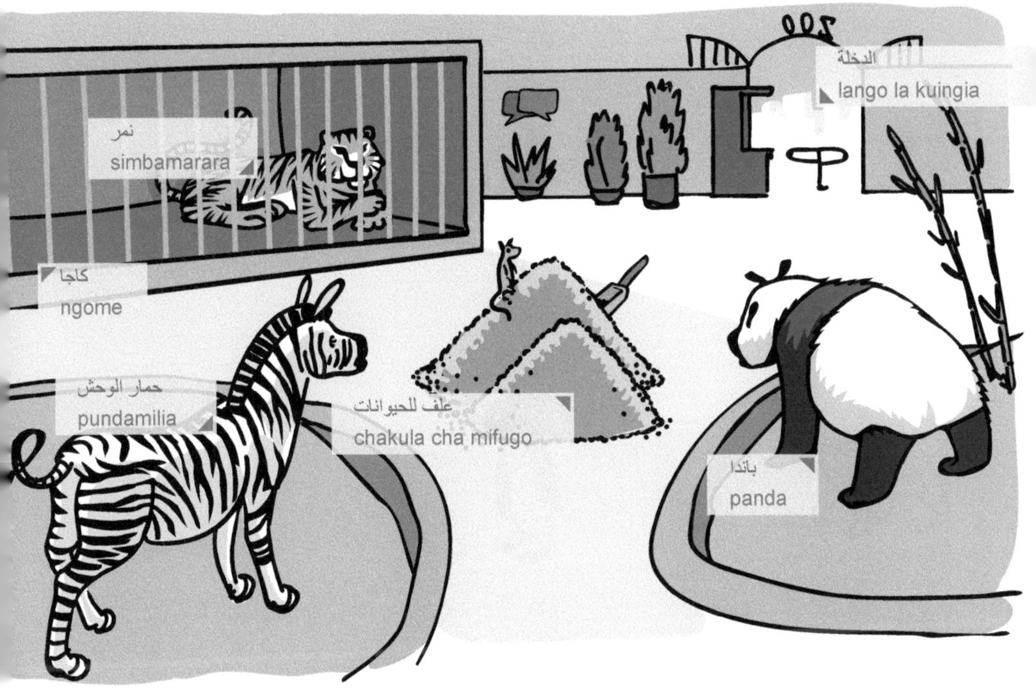

نمر
simbamarara
الدخلة
lango la kuingia
كاجا
ngome
حمار الوحش
pundamilia
علف للحيوانات
chakula cha mifugo
باندا
panda

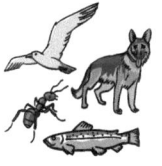

حيوانات

wanyama

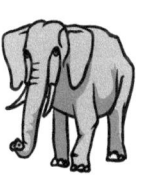

فيل

tembo

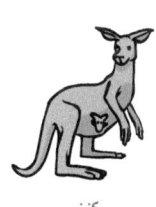

كنغر

kangaruu

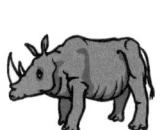

وحيد القرن

kifaru

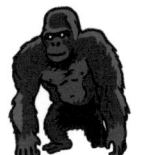

غوريلا

sokwe

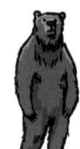

دب

dubu

جمل

ngamia

نعامة

mbuni

سبع

simba

تُشِيطا

tumbili

فلامونغوز

heroe

بيروكي

kasuku

دب قطبي

dubu

بطريق

penguini

سمك القرش

papa

طاووس

tausi

لفعة

nyoka

تمساح

mamba

عساس في حديقة الحيوان

mtunza wanyama

عجل البحر

muhuri

نمر أمريكي مرقط

jaguar

فرس قزم

mwanafarasi

نمر

chui

فرس النهر

kiboko

زرافة

twiga

نسر

tai

حلوف

nguruwe mwitu

حوت

samaki

فكرون

kobe

حيوان فظ البحري

sili

ثعلب

mbweha

غزال

paa

بالون اميريكا
soka ya marekani

الركبة تاع البيسكلت
uendeshaji baiskeli

تينيس
tenisi

باسكات
mpira wa kikapu

العوم
kuogelea

بوكس
ndondi

هوكي
magongo ya barafuni

بالون
soka

الريشة الطائرة
vinyoya

اتلاتيزم
riadha

الهوند
mpira wa mikono

سكي
skii

بولو
polo

نشطات

shughuli

يضحك
cheka
ينقز
kuruka
يعنق
kumbatia
يمشي
kutembea
يغني
kuimba
ينوم
ota ndoto
يصلي
kuomba
يبوس
busu

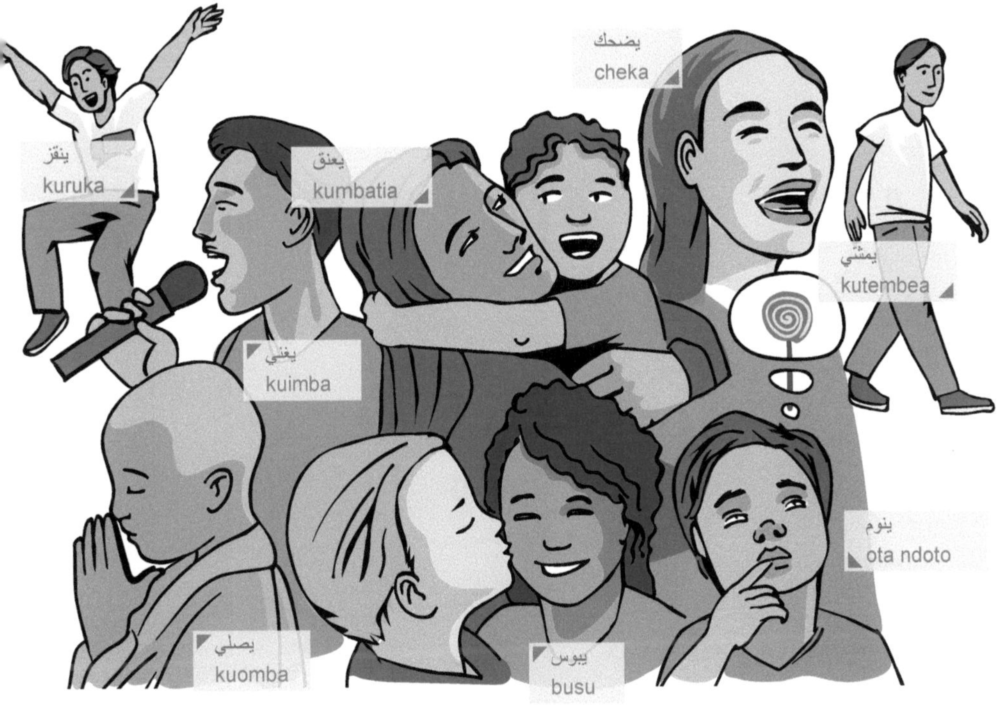

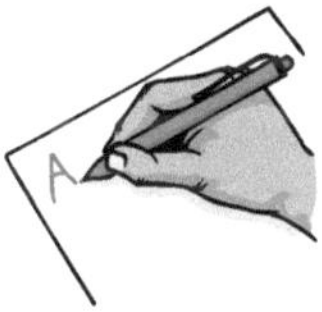

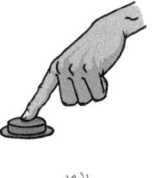

يكتب

kuandika

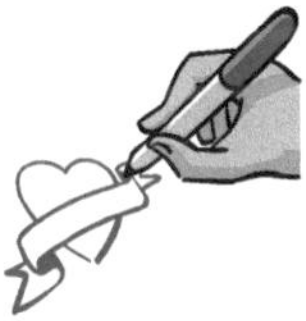

يرسم

kuteka

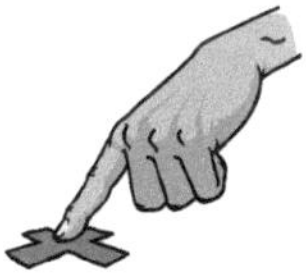

يوري

angalia

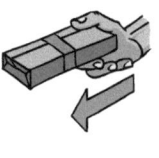

يدمر

sukuma

يعطي

kutoa

يدي

kuchukua

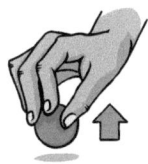

يملك

kuwa

يخدم

fanya

كاين

kuwa

يوقف

kusimama

يجري

kukimbia

يجبد

vuta

يقيس / يرمي

kutupa

يطيح

kuanguka

يتكسل

hadaa

يشوف

kusubiri

يرفد

kubeba

يقّعد

kukaa

يلبس

vaa nguo

يرقد

usingizi

ينوظ

kuamka

يْشوف في
....
kuangalia

يبكي
....
lia

يحك
....
kiharusi

يمشّط
....
chana nywele

يهدر
....
ongea

يفهم
....
kuelewa

يسقْسي
....
kuuliza

يسمع
....
kusikiliza

يْشرب
....
kunywa

ياكل
....
kula

يخمل
....
nadhifisha

يبغي
....
upendo

يطيب
....
mpishi

يصوق
....
gari

يطير
....
kuruka

يبحر بالفلوكة

meli

يحسب

kokotoa

يقرا

kusoma

يتعلم

kujifunza

يخدم

kazi

يتزوج

kuoa

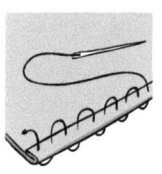

يخيط

kushona

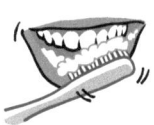

يغسل سنانو

piga mswaki

يكتل

kuua

يكمي

moshi

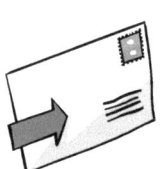

يرسل

kutuma

لعايلة

familia

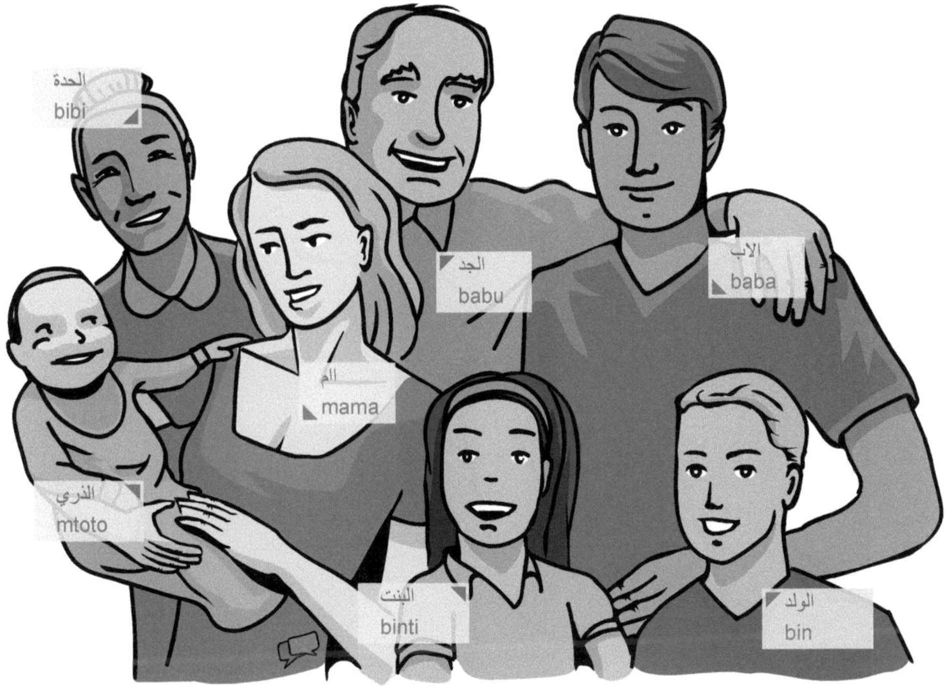
الحدة
bibi
الجد
babu
الاب
baba
ام
mama
الذري
mtoto
البنت
binti
الولد
bin

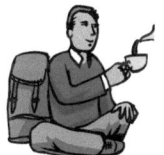

ضيف
....
mgeni

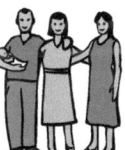

العمة / الخالة
....
shangazi

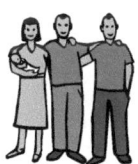

العم / الخال
....
mjomba

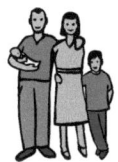

الخو
....
kaka

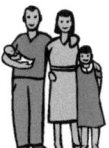

الخت
....
dada

الجسم

mwili

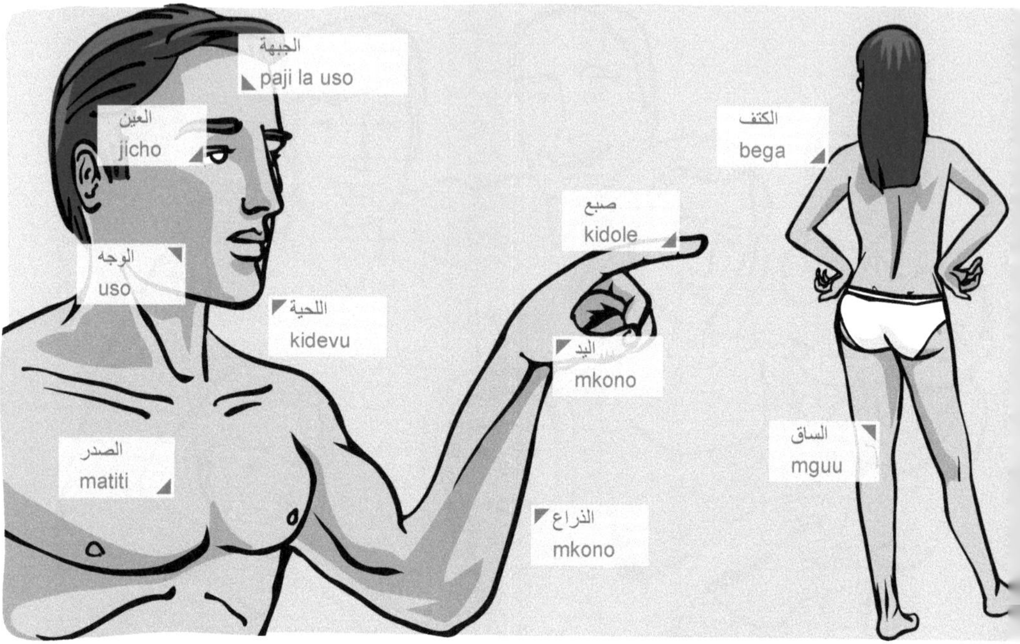

الجبهة
paji la uso
العين
jicho
الكتف
bega
صبع
kidole
الوجه
uso
اللحية
kidevu
اليد
mkono
الساق
mguu
الصدر
matiti
الذراع
mkono

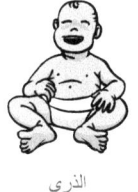

الذري

mtoto

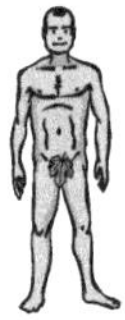

الراجل

mwanamume

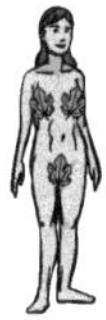

المرا

mwanamke

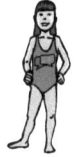

الشيرة، الطفلة

msichana

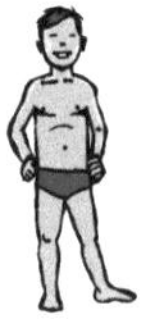

الشير

mvulana

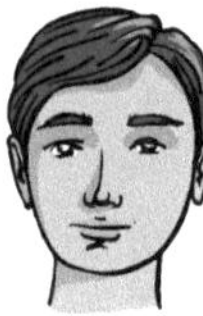

الراس

kichwa

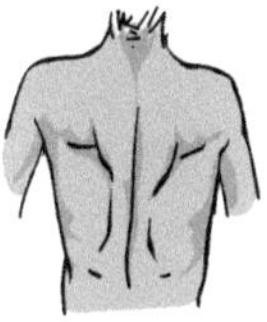

ظهر	الكرش	السرة
nyuma	tumbo	kitovu

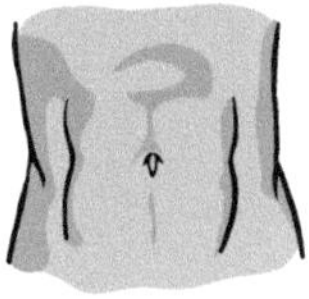

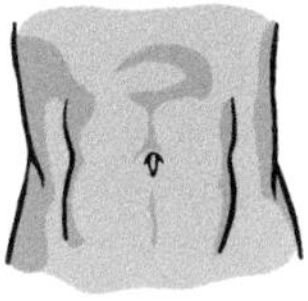

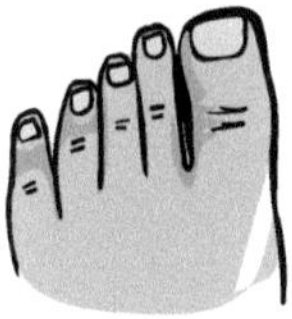

صبع	طالون	العظم
chano	kisigino	mfupa

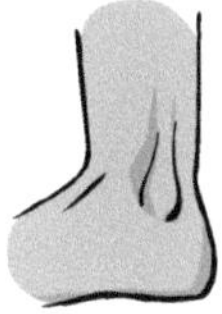

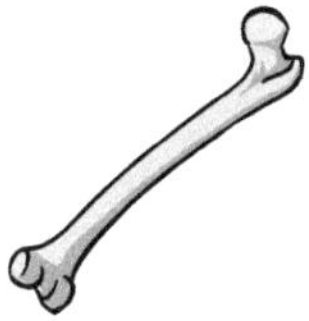

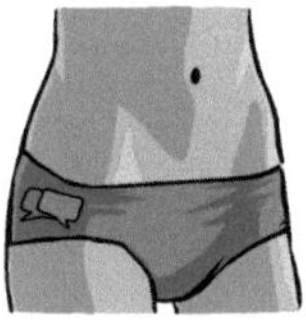

المرادف	الركبة	لمرفغ
nyonga	goti	kiwiko

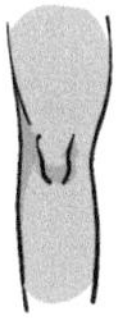

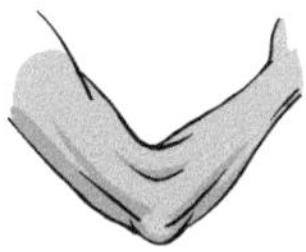

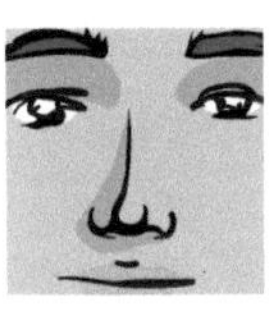

نيف	مصاصيط	البشرة
pua	chini	ngozi

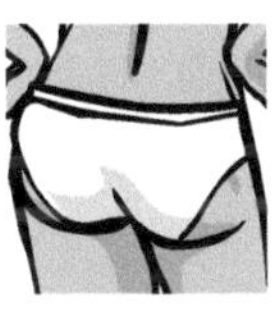

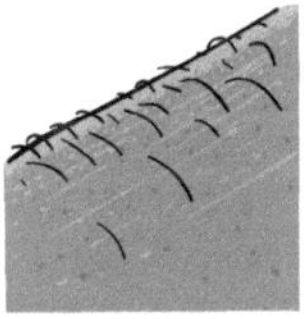

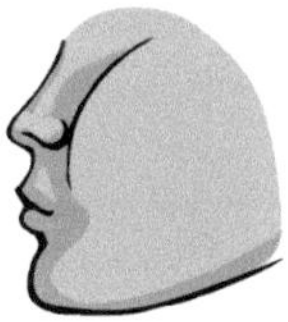

الحنوك	لوذن	شورب
shavu	sikio	mdomo

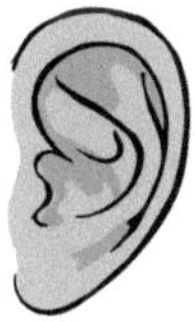

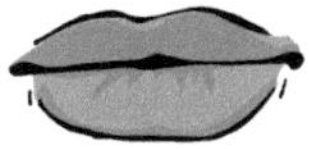

الفم

kinywa

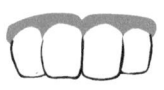

السنة

jino

اللسان

ulimi

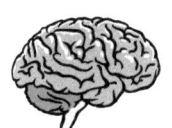

الدماغ

ubongo

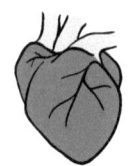

القلب

moyo

العضلة

misuli

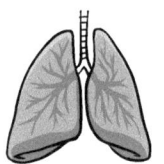

الرية

pafu

الكبدة

ini

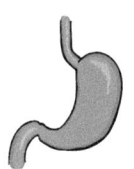

لسطوما

tumbo

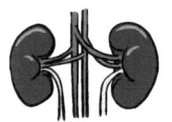

كلوى

figo

رابور

jinsia

بريزارفتيف

kondomu

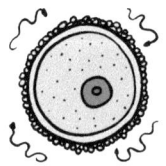

البويضة

ovari

سبرم

shahawa

بلكرش

mimba

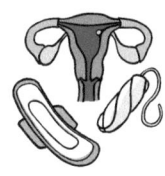

ليراغل

hedhi

المهبل

uke

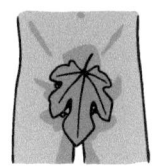

المذاكر

uume

الحاجب

unyusi

الشعر

nywele

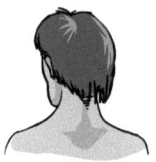

رقبة

shingo

سبيطار

hospitali

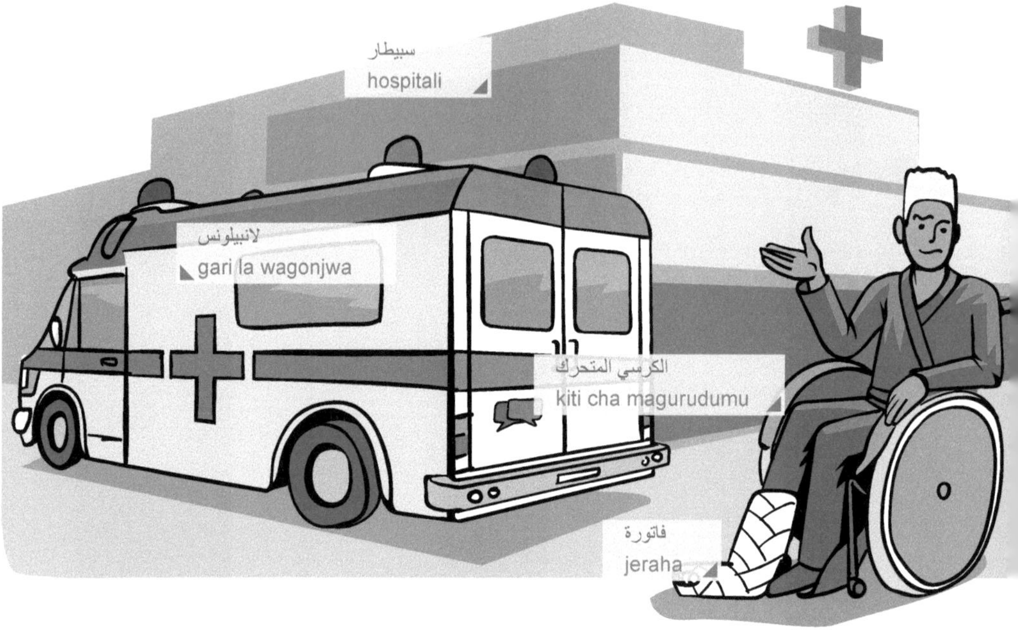

سبيطار
hospitali
لانبيلونس
gari la wagonjwa
الكرسي المتحرك
kiti cha magurudumu
فاتورة
jeraha

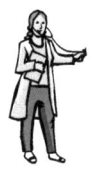

الطبيب

daktari

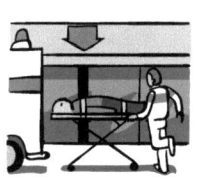

ليزيرجونس

chumba cha dharura

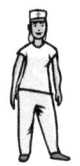

الممرضة

muuguzi

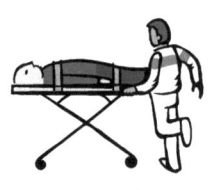

ليرجونس

dharura

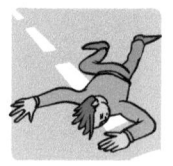

تغاشى

kupoteza fahamu

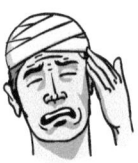

الوجع

maumivu

الجرح

kuumia

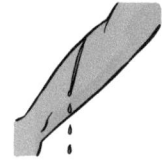

يسل الدم

kutokwa na damu

القلب

mshtuko wa moyo

لافيسي

kiharusi

لالرجي

mzio

الكحة

kikohozi

الحمة

homa

لاقريب

mafua

الاسهال

kuharisha

ميغران

maumivu ya kichwa

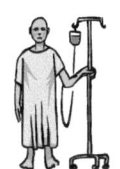

السرطان

kansa

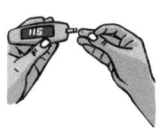

السكر

ugonjwa wa kisukari

الجراح

daktari mpasuaji

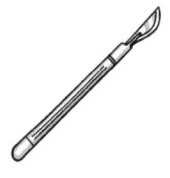

مبضع

kisu kidogo cha kupasulia

عملية تاع القلب

operesheni

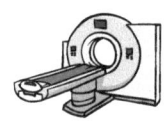

لاسيتي

picha changanufu ya mwili

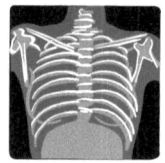

الراديو

Eksrei

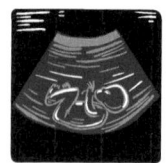

لولتخازون

mawimbi sauti

لماسك

barakoa ya uso

المرض

ugonjwa

وين يقارعو

chumba cha kusubiri

العكاز

mkongojo

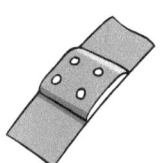

سكوتش

plasta

لبانسما

bendeji

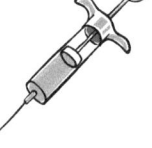

ليرة

sindano

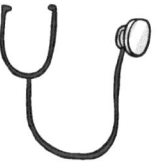

السماعة تاع الطبيب

stetoskopu

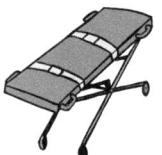

نقالة

machela

لوزنو بيه بيه الحمة

kipimajoto cha kliniki

زيادة

kuzaliwa

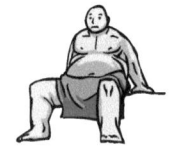

السمونية

unene kupita kiasi

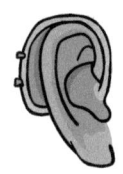

جهاز السمع

kusikia misaada

المعقّم

kipukusi

لنفكسون

maambukizi

الفيروس

virusi

السيدا

VVU / UKIMWI

الدوا

dawa

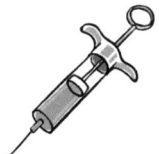

الفاكسان

chanjo

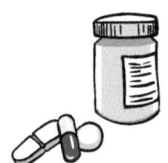

الدوا حب

vidonge

بيلولة

kidonge

يعيط للنجدة

simu ya dharura

الجهاز ليقيسو بيه الدم

haemodainamometa

مريض / صحيح

mgonjwa / mwenye afya

سلكوني

Msaada!

لالارم

kengele

يتعددا

pigo

يهجم

shambulizi

دونجي

hatari

مخرج الطوارئ

lango la dharura

النار شاعلة

Moto!

لكستانتور

kizima moto

اكسيدون

ajali

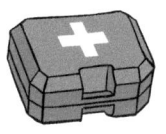

فيزة تاع الاسعاف الاولي

vifaa vya huduma ya kwanza

سلكونا

wito wa msaada

لابوليس

polisi

أوروبا

Ulaya

أمريكا الشمالية

Amerika ya Kaskazini

أمريكا الجنوبية

Amerika ya Kusini

أفريقيا

Afrika

آسيا

Asia

أستراليا

Australia

المحيط الأطلسي

Atlantiki

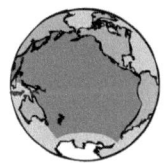

المحيط الهادي

Pasifiki

المحيط الهندي

Bahari ya Hindi

المحيط المتجمد الجنوبي

Bahari ya Antaktiki

المحيط المتجمد الشمالي

Bahari ya Aktiki

القطب الشمالي

Ncha ya Kaskazini

القطب الجنوبي

Ncha ya Kusini

منطقة القطب الجنوبي

Antaktika

أرض

dunia

بلاد

nchi

بحر

bahari

جزيرة

kisiwa

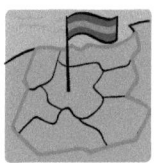

امة

taifa

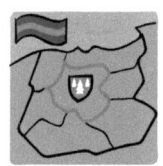

دولة

jimbo

ميناء الساعة

uso wa saa

عقرب الساعات

akrabu ya saa

عقرب الدقائق

akrabu ya dakika

عقرب الثواني

akrabu ya sekunde

شعال راها الساعة؟

Ni saa ngapi?

يوم

siku

زمن

wakati

دروك

sasa

ساعة رقمية

saa ya dijitali

دقيقة

dakika

ساعة

saa

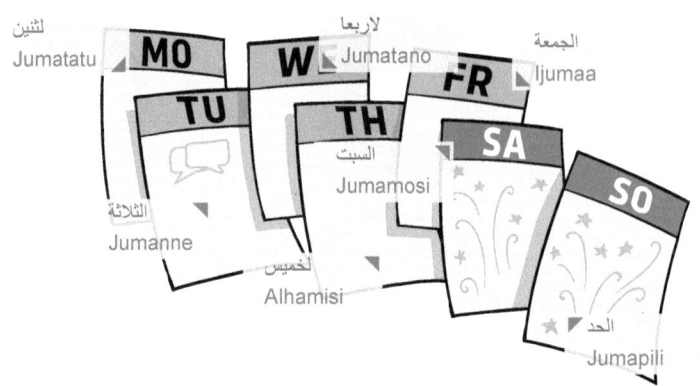

لثنين
Jumatatu

لاربعا
Jumatano

الجمعة
Ijumaa

الثلاثة
Jumanne

السبت
Jumamosi

لخميس
Alhamisi

الحد
Jumapili

لبارح
jana

اليوم
leo

غدوا
kesho

صباح
asubuhi

القايلة
saa sita mchana

العشية
jioni

MO	TU	WE	TH	FR	SA	SU
1	2	3	4	5	6	7
8	9	10	11	12	13	14
15	16	17	18	19	20	21
22	23	24	25	26	27	28
29	30	31	1	2	3	4

يامات الخدمة
siku za biashara

MO	TU	WE	TH	FR	SA	SU
1	2	3	4	5	6	7
8	9	10	11	12	13	14
15	16	17	18	19	20	21
22	23	24	25	26	27	28
29	30	31	1	2	3	4

ويكاند
mwishoni mwa wiki

العام

mwaka

النو
mvua
قوس قزح
upinde wa mvua
ثلج
theluji
الريح
upepo
الربيع
majira ya machipuko
الخريف
vuli
الصيف
kiangazi
الشتا
majira ya baridi

4.APRIL 11°
5.APRIL 4°
6.APRIL 13°
7.APRIL 8°
8.APRIL 10°

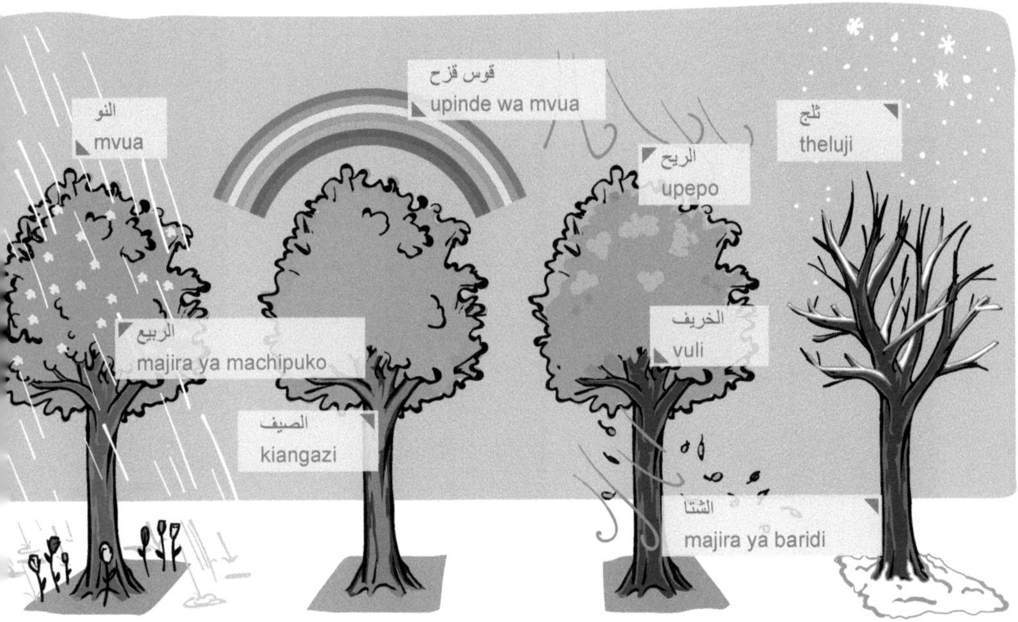

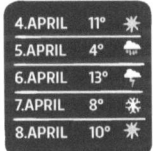

يتنبأ بالحال

utabiri wa hali ya hewa

F C
120 40
90 30
60 20
30 10
0 0
-30 -10
-20

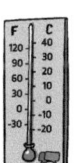

مقياس حرارة

kipimajoto

ضوء الشمس

mwanga wa jua

سحابة

wingu

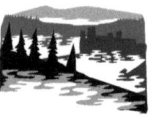

ضباب

ukungu

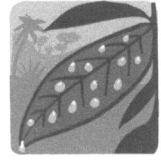

ميديتي

unyevu

برق

umeme

رعد

radi

عاصفة

dhoruba

بَرَد

mvua ya mawe

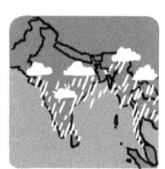

ريح

monsuni

طوفان

mafuriko

جليد

barafu

جانفي

Januari

فيفري

Februari

مارس

Machi

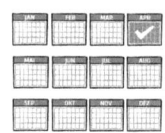

افريل

Aprili

ماي

Mei

جوان

Juni

جويلية

Julai

اوت

Agosti

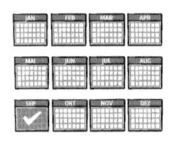

سبتّمبر

Septemba

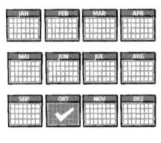

اكتوبر

Oktoba

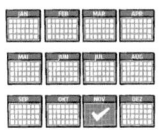

نوفمبر

Novemba

ديسمبر

Desemba

فورما
maumbo

دويرة

mduara

مربع

mraba

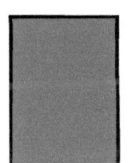

مستطيل

mstatili

مثلث

pembetatu

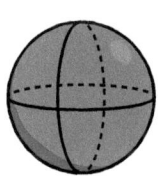

كويرة

nyanja

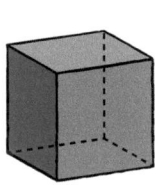

مكعب

mchemraba

بيض

nyeupe

صفر

manjano

تثينى

chungwa

روز

rangi ya waridi

حمر

nyekundu

حلحالي

hudhurungi

زرق

bluu

خظر

kijani

قهوي

hanja

قري

jivujivu

كحل

nyeusi

بزاف / شوية

mengi / kidogo

زعفان / مكالمي

hasira / pole

شباب / مشى شباب

nzuri / mbaya

البدية / التالي

mwanzo / mwisho

كبير / صغير

kubwa / ndogo

فاتح / فونسي

angavu / giza

خو / خت

kaka / dada

نقي / موسخ

safi / chafu

كامل / ناقص

kamilika / tokamilika

نهار / اليل

siku / usiku

ميت / حي

wafu / hai

عريض / ضيق

pana / nyembamba

يقدو ياكلوه / ميقدروش ياكلوه

kulika / kutolika

شرير / ناس ملاح

ovu / ema

بثير / يمل

sisimkwa / udhika

سمين / رقيق

nene / nyembamba

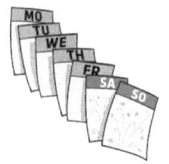

اللولا / التالية

kwanza / mwisho

الصاحب / لعدو

rafiki / adui

معمر / فارغ

jaa / tupu

قاصح / سوبل

ngumu / laini

ثقيل / خفيف

nzito / nyepesi

جوع / عطش

njaa / kiu

مريض / صحيح

mgonjwa / mwenye afya

غير شرعي / شرعي

haramu / kisheria

ذكي / مبوقل

akili / kijinga

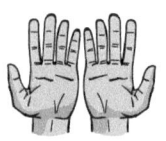

يسار / يمين

kushoto / kulia

قريب / بعيد

karibu / mbali

جديد / مستعمل

mpya / kutumika

مكانش / شوية

kitu / jambo

ٹیبیاني / شاب

zee / changa

يشعل / يطفئ

waka / zima

محلول / مبلع

wazi / fungwa

بشوية / بلفور

utulivu / kelele

مرفح / زوالي

tajiri / masikini

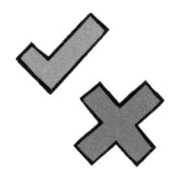

نيشان / خاطيء

sahihi / kosa

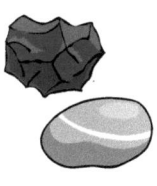

حرش / رطب

mbaya / laini

زعفان / فرحان

huzunika / furahia

قصير / طويل

fupi /ndefu

بشوية / بلخف

polepole / haraka

مشمخ / ناشف

nyevu / kavu

حامي / بارد

joto / baridi

القيرة / لامان

vita / amani

0

صفر
....
sufuri

1

واجد
....
moja

2

زوج
....
mbili

3

ثلاثة
....
tatu

4

ربعة
....
nne

5

خمسة
....
tano

6

ستة
....
sita

7

سبعة
....
saba

8

ثمانية
....
nane

9

تسعة
....
tisa

10

عشرة
....
kumi

11

حداعش
....
kumi na moja

12

شناعث

kumi na mbili

13

شلطاعث

kumi na tatu

14

شباطار

kumi na nne

15

شطاعسمخ

kumi na tano

16

شطاعطس

kumi na sita

17

شعتطبعس

kumi na saba

18

شعنطنمث

kumi na nane

19

شطاعطست

kumi na tisa

20

عشرون

ishirini

100

مية

mia

1.000

ألف

elfu

1.000.000

مليون

milioni

انقلي
....
Kiingereza

انغلي تاع مريكان
....
Kiingereza cha Marekani

لغة الشنوية
....
Kimandarini cha Uchina

الهندية
....
Kihindi

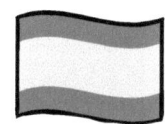

سبنيولية
....
Kihispania

الفرونسي
....
Kifaransa

العربية
....
Kiarabu

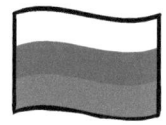

الروسية
....
Kirusi

البوتغالية
....
Kireno

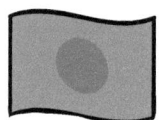

البنغالية
....
Kibengali

لالمنية
....
Kijerumani

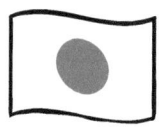

الجابونية
....
Kijapani

انا

mimi

نتا

wewe

هو

yeye / yeye / ni

حنايا

sisi

نتوما

wewe

هوما

wao

شكون

nani?

واش

nini?

كيفاش

jinsi gani?

وين

wapi?

وقتاش

lini?

الاسم

jina

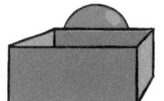

مرول

nyuma

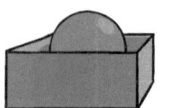

في

katika

قدام

mbele ya

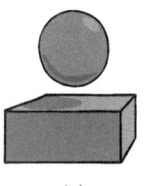

فوق

juu ya

على

kwenye

تحت

chini ya

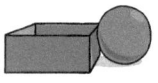

حدا

kando

بين

kati

بلاصة

mahali